NOTICE

SUR

M. L'ABBÉ LESEIGNEUR

Curé de Ferrières (Oise).

DIOCÈSE DE BEAUVAIS

1882

JE CROIS A LA RÉSURRECTION DE LA CHAIR

A LA VIE ÉTERNELLE

(SYMB. AP.)

TU ES   IN

SACERDOS   ÆTERNUM

(PS. 109)

O CROIX, A TON OMBRE JE REPOSE ET J'ESPÈRE

Monsieur l'abbé Désiré LESEIGNEUR

Beati servi illi, quos cùm venerit Dominus, invenerit vigilantes. (Luc. xii. 37).

Bonum certamen certavi, fidem servavi, in reliquo reposita est mihi corona justitiæ, quam reddet mihi Dominus in illâ die justus Judex.

(II Tim. iv. 7 - 8).

Defunctus adhuc loquitur.

Hebr. xi. 4).

Curé de Ferrières (Oise)
Né à Davenescourt (Somme), le 24 juillet 1818
Décédé à Ferrières le 16 avril 1882.

NOTICE

M. l'abbé Désiré Leseigneur est né le 24 juillet 1818, à Davenescourt, canton de Montdidier (Somme). Il reçut l'être de parents des plus honorables et des plus chrétiens.

Le père, homme intelligent, énergique et actif, avait pour le chœur, les divers instruments de musique en usage dans les églises et les cloches, des aptitudes vraiment exceptionnelles. Il était encore organiste quelques semaines avant sa mort bien chrétienne arrivée en 1879.

Sa femme, tout à fait remarquable par la droiture de son jugement, la force de son caractère et son dévouement maternel, fut constamment l'édification de tous pendant les quatre-vingt-onze ans qu'elle vécut. Elle mourut saintement à Ferrières chez son fils, quelques semaines avant lui.

Il est encore quelqu'un dont l'influence sur

l'éducation chrétienne de l'abbé Leseigneur, fut considérable. Ce fut sa tante du côté maternel, Mlle Clémence Gaudefroy, personne d'un grand caractère et d'une foi vive, qui, pendant trente ans, fit preuve d'un si admirable dévouement, comme fille de service et de confiance chez les excellentes Dames de Saint-Maur de Davenescourt.

Dans des conditions aussi favorables, M. l'abbé Leseigneur eut de bonne heure, ainsi que son frère, actuellement curé de Dompierre, le goût des exercices religieux.

Davesnescourt était alors sous la direction d'un digne et vénérable curé, M. l'abbé J. B. Cailleux, dont nous aurons à dire un mot à la fin de cette notice, à propos des obsèques de son élève. Il sut bientôt distinguer dans son jeune paroissien les qualités qui font les bons prêtres, et il proposa à sa famille de lui donner lui-même les premières notions de latin, pour le faire entrer ensuite au petit séminaire.

Sous la direction ferme et éclairée de ce prêtre plein de zèle, il fut bientôt en état d'entrer à Saint-Riquier, au diocèse d'Amiens.

Il y resta quelques années et vint achever le cours de ses études littéraires au petit séminaire de Saint-Lucien, près Beauvais;

car le voisinage de l'église de Beauvais, où le nombre des prêtres était insuffisant, lui avait inspiré, comme à un certain nombre de ses confrères, l'idée de s'attacher à ce diocèse. Il fut ordonné prêtre en juin 1843, par Mgr Gignoux, de sainte mémoire.

Pendant le cours de ses études, tant au petit séminaire qu'au grand séminaire, il fut un des élèves pieux, dociles et laborieux. Il se faisait aimer de tous par son excellent cœur et son très agréable caractère. C'est surtout au grand séminaire que ses supérieurs et ses confrères ont pu apprécier son esprit de foi et son goût pour les cérémonies liturgiques. C'était le choriste par excellence, et sa belle et forte voix n'était pas indigne des grandes voûtes de la cathédrale.

Après son ordination, Mgr Gignoux le nomma curé de la paroisse de Cinqueux, qu'il édifia pendant dix années. Cette paroisse était d'une grande étendue : outre Cinqueux, lieu de sa résidence, il avait à desservir l'annexe de Rieux, et les succursales de Brenouille et de Monceaux. Il s'acquitta de sa charge avec un zèle infatigable et toute la sollicitude du bon pasteur. Il quitta Cinqueux, en laissant d'unanimes regrets dans la population.

En 1853, sur sa demande, la paroisse de

Ferrières lui fut assignée, avec le binage de Crèvecœur-le-Petit. Il se rapprochait ainsi de son village natal, et de sa famille qu'il aimait tant.

La population de Ferrières est bonne et chrétienne, animée d'un excellent esprit, aimant la religion et honorant ses ministres. A son entrée dans cette paroisse, l'abbé Leseigneur trouva un terrain tout disposé à recevoir la bonne semence. Il succédait à deux dignes prêtres, MM. Quette et Gueudet, qui avaient administré la paroisse chacun pendant dix ans, et qui, par leur piété et leur zèle, n'avaient pas peu contribué à amener ces heureux résultats.

M. Leseigneur continua, dans ce nouveau poste, avec pareille ardeur et succès, l'œuvre de la sanctification des âmes ; et, pendant près de trente ans, il fut, pour cette paroisse qu'il affectionnait, le bon pasteur dont parle l'Evangile, se faisant tout à tous, pour gagner tout son troupeau à Jésus-Christ.

L'abbé Leseigneur se distingua par un grand esprit de foi, qui se révélait dans son attitude recueillie lorsqu'il priait, dans la dignité calme et majestueuse avec laquelle il remplissait les augustes fonctions du sacerdoce, dans ses prédications simples mais fermes et toujours pratiques.

Sa foi vive et son grand cœur étaient faits pour comprendre et soutenir les œuvres de zèle et de charité. Aussi ne s'adressait-on jamais vainement à lui pour quelque bonne œuvre. C'est ainsi que, chaque année, il remettait une offrande magnifique au prêtre qui s'occupait de l'œuvre de Saint-François de Sales, dans le canton de Maignelay. C'est ainsi encore qu'il faisait toujours l'offrande gratuite d'une *lampe du sanctuaire* à n'importe quel curé qui lui en faisait la demande pour une église pauvre.

Il avait une grande charité pour les malheureux. Combien d'aumônes il a faites, et qui sont connues de Dieu seul! Sa main droite ignorait ce que donnait sa main gauche. Aucun pauvre ne s'adressait à lui sans recevoir, avec l'aumône matérielle, le secours plus précieux encore des fortes consolations.

Ce qu'il avait de particulier, c'était son genre simple et cordial, son caractère affable, ses allures de droiture et de franchise picarde, qui lui conciliaient de prime abord les sympathies et la confiance de tous.

Il supportait avec une parfaite égalité la contradiction, d'où qu'elle vînt. Son doyen, le vénérable abbé Louette, curé de Maignelay, lui rendait publiquement ce témoignage qu'il ne l'avait jamais vu se fâcher.

Il était, dans notre temps, dit un de ses plus anciens amis, le prêtre d'autrefois. Nous aimions sa bonne figure si affable, si franche, son bon sourire, ses reparties remplies de finesse et d'esprit. Il avait, sous ces allures primitives, une grande délicatesse de sentiments, et une certaine distinction qui ne manquait pas de noblesse. Il a toujours été pour ses confrères et pour ses paroissiens l'ami fidèle, *amicus fidelis*. Quand on avait sa confiance, on l'avait bien. Des hommes de son voisinage furent éprouvés par les chagrins les plus amers, et ils ont puisé force et consolation dans les pieux épanchements de sa constante amitié.

Sa charité pour le prochain était aussi grande que sa foi envers Dieu. Il aimait à animer la conversation de bons mots délicats et de traits d'esprit, mais jamais aux dépens de la réputation du prochain. Il était, en toutes circonstances, l'homme de cœur, d'une exquise politesse et d'une affabilité parfaite.

L'abbé Leseigneur savait aussi se dévouer, et ne penser à lui-même qu'en dernier lieu. Chacun connaît les charges de famille si lourdes qui lui sont incombées, à la mort prématurée de son frère cadet, qui laissait quatre orphelines dans un âge peu avancé.

Chacun sait aussi avec quel empressement, quel dévouement il leur a tenu lieu de père. Il n'hésita pas à en recueillir plusieurs chez lui, à les élever, et à leur procurer ensuite des positions honorables.

C'est son amour pour le Dieu de l'Eucharistie qui lui a inspiré l'idée de procurer des *Lampes du Sanctuaire* aux églises pauvres, dans des conditions de dépense abordables. L'auteur si zélé de la *Lampe du Seigneur* n'avait qu'un but pieux : il visait à faire briller partout devant le Saint Tabernacle, même dans les plus pauvres paroisses, une lumière constante et *perpétuelle*, n'occasionnant qu'une dépense de moitié moins élevée qu'avec les autres veilleuses : et, quand il recommandait de *vive voix* la *Lampe du Seigneur*, on voyait bien que c'était plutôt pour procurer la gloire de Dieu que pour son intérêt particulier.

Mgr Gignoux aimait beaucoup le curé de Ferrières, et ce saint prélat savait bien qu'il n'avait pas de prêtre plus soumis, plus dévoué et plus aimant que l'abbé Leseigneur. « J'ai pu, dit un de ses amis, être témoin, à Ferrières, dans une des visites pastorales de Mgr Gignoux, de la joie et de la consolation que donne à un cœur d'évêque une paroisse dirigée, j'allais dire harmonisée par un prêtre pieux, zélé, intelligent et dévoué. »

L'abbé Leseigneur était d'une grande activité, et les affaires matérielles ne l'ont jamais détourné de l'accomplissement de ses devoirs de prêtre et de pasteur. Il prenait sur ses heures de repos tout le temps nécessaire à ses devoirs de piété, de zèle et de charité pastorale.

Nous avons vécu dans son intimité, et nous pouvons dire l'emploi de ses journées. Levé dès quatre heures du matin, l'hiver comme l'été, il consacrait ces heures matinales jusqu'à neuf heures à l'accomplissement de ses devoirs de piété, et à la célébration de la sainte messe. Jusqu'à midi, il s'occupait de sa correspondance. Le style, c'est l'homme, a-t-on dit ; or, dans ses lettres, se révélait le cœur du meilleur des prêtres. Son style montrait la cordialité et la loyauté, en même temps qu'un grand zèle et une piété angélique. On ne pouvait le lire sans se sentir porté à l'estimer et à l'aimer.

Ses loisirs de l'après-midi étaient consacrés à la visite et au soulagement des malades, et aussi aux occupations matérielles nécessitées par la vente de la *Lampe du Sanctuaire* ; puis, dans la soirée, jusqu'à une heure assez avancée de la nuit, il donnait son temps à l'étude des sciences ecclésiastiques et à la préparation de ses instructions.

L'abbé Leseigneur était rempli de sollicitude pour les malades. C'était avec une piété profonde et une grande douceur qu'il leur inspirait les sentiments conformes à leur position. Avec quelle bonté toute paternelle et quelle onction il les préparait au grand passage du temps à l'éternité !

Il a rendu d'éminents services à la population de Ferrières, grâce aux connaissances médicales assez étendues qu'il possédait, et c'est surtout aux pauvres qu'il aimait à prodiguer ses visites et ses soins. On ne peut dire à combien de familles nécessiteuses il a épargné ainsi des dépenses considérables, tout en rendant la vie et la santé à leurs membres souffrants.

Une des principales préoccupations de l'abbé Leseigneur, pendant son séjour à Ferrières, fut la restauration de l'église, vaste construction du XVIe siècle, dominée par une flèche très élevée. La fabrique n'avait pas les ressources suffisantes pour entreprendre une restauration de cette importance ; mais une personne charitable de la paroisse, déjà connue par le don d'une cloche, ayant fait à sa mort un don de 18,000 à 20,000 francs à l'église, l'abbé Leseigneur fit exécuter les travaux, qui consistent dans la restauration du chœur, au dedans comme au dehors, la construction d'une voûte neuve, et la pose de verrières en grisailles, dont un sujet, celui du milieu, représentant l'Assomption de la sainte Vierge, patronne de la paroisse. A cela il est bon d'ajouter la construction et l'ameublement d'une sacristie nouvelle, plus grande que l'ancienne, devenue insuffisante pour le personnel, surtout à certains jours de fête.

« Ces divers travaux, lisons-nous dans la
« *Semaine religieuse* de Beauvais, avaient peu
« à peu miné sa robuste santé. Il y a cinq ou
« six ans, une maladie de cœur, compliquée
« d'une autre maladie terrible, s'était décla-
« rée, et lui inspirait, depuis deux ans sur-
« tout, des craintes sérieuses. Il pensait
« constamment à la mort, qu'il savait pro-
« chaine, mais sans rien perdre de son calme,
« de sa sérénité et de sa gaieté ordinaire. De-
« puis le mois de septembre 1881, il avait
« éprouvé plusieurs assauts de suffocation.
« Enfin, une de ces rudes crises l'emporta
« le dimanche de Quasimodo, 16 avril 1882,
« à quatre heures et demie du matin. Il
« s'était confessé le vendredi soir; car, pen-
« dant sa maladie, il profitait souvent de la
« présence d'un confrère pour rendre son

« âme de plus en plus digne de paraître devant
« son souverain Juge. »

« Je suis allé le voir de temps en temps, nous écrit un directeur de sa conscience, pendant sa maladie, plus souvent la fin, et je l'ai toujours trouvé calme et résigné : pas une parole de regret ni de découragement. J'ai reçu sa confession la veille de sa mort; il l'a faite à genoux, malgré ses souffrances et ses suffocations. »

Humble soldat du Christ, il est tombé sans surprise comme sans frayeur, les armes à la main. Pendant le cours de sa maladie, qui fut de longue durée, il n'avait jamais cessé d'accomplir les fonctions essentielles de son ministère; et, le jour de sa mort, il se préparait à chanter la messe du dimanche de la *Quasimodo*. Ses dernières paroles sur la terre furent un acte de contrition : « Mon Dieu, pardon, pardonnez-moi. » C'est au ciel, nous en avons la confiance, qu'il aura entendu de la bouche même de son Dieu ce souhait consolant du Sauveur, dans l'évangile du jour : *Pax vobis!* La paix soit avec vous !

Les obsèques de M. l'abbé Leseigneur ont eu lieu dans son église paroissiale de Ferrières, le mardi 18 avril 1882, au milieu de *toute* la population en deuil de Ferrières et de Crèvecœur-le-Petit. Tous les confrères du canton de Maignelay, accompagnés de plusieurs autres prêtres du voisinage, étaient venus rendre les derniers honneurs à leur ami commun.

La levée du corps fut faite par M. l'abbé Bachelé, doyen de Maignelay.

M. l'abbé Boufflet, curé-archiprêtre de Clermont-de-l'Oise, invité comme vieil ami du défunt, voulut bien présider la cérémonie funèbre et faire l'absoute.

Le recueillement, la tristesse et les larmes de la nombreuse assistance prouvaient les regrets causés par la perte du vénéré défunt. Et, en effet, l'abbé Leseigneur avait, à bon droit, conquis l'estime et l'affection générale dans une paroisse où, depuis si longtemps, il faisait le bien. Sa mort fut un véritable deuil pour le pays, et l'on peut dire qu'aucun des habitants ne manquait autour de ses restes mortels.

Les hommes ont tenu à le porter, et à faire une escorte d'honneur à leur cher et regretté pasteur. Le cortège a traversé les principales rues du village, ayant à sa tête les demoiselles de la Confrérie de la très sainte Vierge, précédées de leur bannière.

Après la messe, le corps resta à l'église

sous la garde de la famille et des amis du défunt, et vers deux heures eut lieu l'absoute solennelle, après laquelle, au milieu de la *même assistance que le matin*, le corps fut porté jusqu'à l'extrémité du pays.

Là, devant le Calvaire, après le chant de l'*O Crux ave*, M. le doyen de Maignelay, d'une voix émue (car il portait une grande affection à son confrère), mais ferme cependant, retraça la vie, les vertus et les qualités du défunt. On sentait à sa parole que c'était un ami qui quittait son ami, un frère son frère, non pas sans espoir, comme ceux qui bornent leurs espérances à la terre, mais comme le chrétien qui croit fermement à la vie éternelle en Dieu. *Credo vitam æternam*.

Cette allocution, qui fit couler bien des larmes, se terminait ainsi : « Votre bien-aimé pasteur, mes Frères, eut bien voulu rester au milieu de vous après sa mort, comme de son vivant, pour vous marquer son attachement par delà la tombe ; mais des circonstances, que nous ne pouvons dire ici, en ont décidé autrement. Il va retrouver ses ancêtres dans la terre natale. »

M. le doyen de Maignelay, accompagné de deux autres prêtres, a bien voulu conduire son ami jusqu'à Davenescourt, dans la Somme, où devait avoir lieu l'inhumation.

Un certain nombre des habitants de Ferrières avaient suivi leur curé et étaient venus se joindre à la population de Davenescourt.

« Spectacle bien touchant! dit la *Semaine Religieuse* de Beauvais, dans le numéro cité. On vit le digne et vénérable prêtre (qui avait préparé M. Leseigneur à sa première communion et l'avait initié à l'étude du latin), M. l'abbé Jean-Baptiste Cailleux, âgé alors de 79 ans, et décédé un an plus tard, venir lui réciter, d'une voix rendue tremblante par l'émotion plus encore que par l'âge, les dernières prières, au milieu d'une couronne de prêtres du diocèse d'Amiens, venus pour rendre à leur ami les honneurs funèbres. »

Heureuses les populations qui obtiennent du ciel de tels pasteurs!

Heureux les prêtres qui, comme M. l'abbé Leseigneur, après une vie sacerdotale remplie de bonnes œuvres, ont le bonheur de mourir de la mort du juste!

Beati mortui qui in Domino moriuntur!.... Opera enim illorum sequuntur illos.

(*Apocal.* XIV, 12.)

L'abbé A. DÉLY,
*Élève de l'abbé Leseigneur,
desservant au diocèse de Versailles.*

8127.—Paris, Imp. F. Levé, imp. de l'Arch. rue Cassette

www.ingramcontent.com/pod-product-compliance
Lightning Source LLC
Chambersburg PA
CBHW060633050426
42451CB00012B/2574